Antonio Guerra Colón

Poemántico 4

Antonio Guerra Colón

Poemántico 4

Portento

JustFiction Edition

Imprint

Any brand names and product names mentioned in this book are subject to trademark, brand or patent protection and are trademarks or registered trademarks of their respective holders. The use of brand names, product names, common names, trade names, product descriptions etc. even without a particular marking in this work is in no way to be construed to mean that such names may be regarded as unrestricted in respect of trademark and brand protection legislation and could thus be used by anyone.

Cover image: www.ingimage.com

Publisher:
JustFiction! Edition
is a trademark of
Dodo Books Indian Ocean Ltd. and OmniScriptum S.R.L Publishing group
Str. Armeneasca 28/1, office 1, Chisinau-2012, Republic of Moldova, Europe
Printed at: see last page
ISBN: 978-613-9-42655-3

Poemánticos
4
Portento
Por: Tony Colón
Elmagodelasletras

Poemánticos 4

Se ha ido la brisa, se fue de prisa, al pasar de los años,
la vida se vuelve marchita,
sino no la cuidas ahora,
las consecuencias vendrán,
y tu alma se debilitará.

Portento: Prodigio

Próximamente: Mis versos 8

Pequeña biografía

Mi nombre es Antonio Guerra Colón de Mayagüez Puerto Rico. Desde pequeño me interesaron muchas cosas, pero siempre me atraía escribir desde los seis años, lo primero que escribía fueron versos que los vendía a peseta en la escuela, luego a los diez años aprendí a arreglar enseres eléctricos, de electricidad, electrónica, entre otras cosas más, y de todo eso me ganaba algo, pero nadie me enseño, solo lo aprendí, también soy compositor, inventor y cuentista, todo se puede si hay interés, todo se logra, si lo intentas.

Índice

327- Tu, lo eres todo -Marzo-19-2019

328- Contigo me siento feliz -Marzo-19-2019

329- Amor sincero -Marzo-19-2019

330- Recuerdos maravillosos -Marzo-19-2019

331- Eres maravillosa -Marzo-19-2019

332- Un vacío, un silencio -Marzo-19-2019

333- Relación madura -Marzo-19-2019

334- Eres mía II -Marzo-19-2019

335- Linda melodía -Maezo-19-2019

336- Cada día crece -Marzo-19-2019

337- Gran belleza -Marzo-19-2019

338- Pronto llegara -Marzo-19-2019

339- Eres mi amor II-Marzo-20-2019

340- Que sientes -Marzo-21-2019

341- Aquella vez -Marzo-22-2019

342- Gracias Dios -Marzo-22-2019

343- Mi tempestad -Marzo-22-2019

344- Contigo no volveré -Marzo-22-2019

345- Prospera relación -Marzo-22-2019

346- Eres mi enamorada -Marzo-22-2019

347- Eres mi pasión III -Marzo-22-2019

348- Tu eres mi todo -Marzo-22-2019

349- Estoy de ti enamorado -Marzo-22-2019

350- Apasionado es tu amor -Marzo-22-2019

351- Déjate amarte -Marzo-22-2019

352- Juntos los dos -Marzo22-2019

353- Contigo deseo estar -Marzo-23-2019

354- Tuyo para siempre -Marzo-23-2019

355- Contando los días -Marzo-23-2019

385- Soy tu calor -Marzo-31-2019

386- Mas allá -Marzo-31-2019

387- Algo más -Marzo-31-2019

388- La clave, la llave soy -Marzo-31-2019

389- Sentimientos ocultos -Marzo-31-2019

390- Sellado por Dios -Marzo-31-2019

391- Mis melodías -Marzo-31-2019

392- Te lo dejo -Marzo-31-2019

393- Encontré -Marzo-31-2019

394- Todo contigo es divino -Marzo-31-2019

395- Lo noquee -Marzo-31-2019

396- Que cuerpazo -Marzo-31-2019

397- Solo tuyo -Marzo-31-2019

398- Siempre en tu vida -Marzo-31-2019

399- Es mi forma -Marzo-31-2019

400-Tu veneno -Marzo-31-2019

301- Un amigo {a} es

Es el que te da la mano,
es el que te protege
siempre está a tu lado
y hace que tu camino enderece.

Es el que está en las pruebas
y no te deja solo
es el que está a tu lado
aunque andes cojo.

Es el que se preocupa por ti
siempre escuchando todo
no te hunde en el abismo
y te ayuda ente todo.

Es quien siempre te saluda
y te alerta del peligro
aun en las pruebas
siempre está contigo.

Es el que te ayuda
en momentos tristes y de dolor
no te deja padecer
y siempre te tiene en oración.

Un amigo es:
Vale más que el oro,
mucho más que mil diamantes,
un amigo, no se compra,
se cosecha poco a poco.

Un buen amigo:
ya hay pocos amigos verdaderos,
es como conseguir una aguja
en el fondo del océano,
y si consigues un buen amigo {a}
no lo dejes que se marche.

302- Mi chica

Enamorado, enamorado
enamorado de tu olor
eres la chica más hermosa
que ha tocado mi corazón.

Tus ojos tan hermosos
tu sonrisa espectacular
eres la chica más bonita
que me ha podido conquistar.

Deja que te bese
que te apreté la cinturita
deja que mi alma sea tuya
porque tu corazón mío es.

Mucho amor te daré
eso es porque te lo mereces
eres mi reina, que bella
y mi corazón a tu lado permanece.

Hermosa y adorada
más linda que una rosa
quiero que seas mi enamorada
para que luego seas mi esposa.

303- La cita perfecta

Atrapa mis susurros con tus besos
déjalo navegar por tu cuerpo
déjame, que estoy sediento
bésame, porque no me duermo.

Escribiré en tu piel mis versos
y tatúa tus besos en mis labios
quiero sentir tus caricias,
Quiero estar de ti preso.

Eres mi sortilegio de amor
el más rico de los perfumes
déjame sentir las caricias,
que tu olor me consume.

Tu y yo cita de amor
una velada fantástica
dándonos mutuo calor
que sea una noche romántica.

Fogata de pasiones
sentimientos encantados
es una cita de amor
lo que hemos, es experimentado.

304- Mi isla bella

Nací donde canta el gallo
donde se escucha el coquí,
esta es mi bella patria
donde quiero yo morir.

Esas playas, esas costas
lugares donde vivir
en la rumba y la plena
se goza para reír.

Sus lindos bosque, lindos ríos
todo hermoso es,
con la cumbia y la plena
se goza sin formar líos.

Puerto rico, mi patria
lleno de bellos lugares,
con bongo, platillos y salsa
de alegría nacieron muchos
de los mejores.

El cuatro, guitarra y güiro
se forma una rumbón
con las rimas contagiosas
se vacila un montón.

305- Es tu silencio

Tu voz se enmudeció
tu silencio fue gimiendo
entonando cicatrices
en todo mi cuerpo.

Dejaste huella por doquier
y mi vida, sigue sufriendo
los látigos del ayer
en mi siguen viviendo.

No hubo palabras
todo era silencio
ya no me dices nada
mi corazón sigue sufriendo.

Tu silencio, látigos en mi espalda
cada día estoy sufriendo
ya no me dices que me amas
y de mi te estas escondiendo.

Mucho en mi sufrir
palabras que matan
las que no dices
pero hieren el alma.

306- Mi enamorada amiga

Tengo una amiga
que es mi enamorada
quiero darle un beso
pero aparta de mi la mirada.

Enamorado estoy por ella
transcendencia de este amor
esa amiga, yo la amo
y la tengo en mi corazón.

Amiga, quiero decirte tantas cosas
porque de ti estoy enamorado
siento calor en mi pecho
cada vez que estas a mi lado.

Deseo tanto este amor
pero valoro tu amistad,
pero de ti estoy enamorado
que quiero más que tu amistad.

Dime amiga mía, dime que si
que quiere ser mi enamorada,
quiero que estés en mi corazón atrapada
para siempre junto, siempre feliz.

307- ¡Para que!

Después de muerto que;
que te escuche, que te mire
oportunidad tuviste;
después de la muerte, nada hay.

Quiere que té den consuelo
y te abrasen,
ocasiones tuviste
y las desperdiciaste;
después de la muerte, nada hay.

Quiere que te ayude
a sanar tus heridas y aconsejarte,
ahora vienes;
después de la muerte, nada hay.

Quería en vida que me visitaras,
ahora vienes con tristeza,
momento suficiente tuviste;
después de la muerte, nada hay.

Después de la muerte que;
no puedes hablar, caminar, sentir;
la oportunidad de que perdonaras ya se fue
ya no hay más, debiste de dar en vida
lo que en tu lecho de muerte quisiste demostrar;
ya tu alma se ira al abismo o quizás al cielo,

pero, oportunidad de que estuvieras conmigo en vida,
de darme consuelo, consejos, un abrazo, un te quiero
ya eso se esfumo, ya estás en tu lecho
de muerte y no puedes hablar,
y piensas que vendrán a verte
después de todo lo que has hecho
y estas en busca del perdón,
para supuestamente irte en paz,
ya no puedes hacer nada,
lo que has podido hacer en vida no aprovechaste
la oportunidad y ahora quieres que te perdonen
porque estas a punto de morir;
ya es tarde para buscar perdón de tus seres queridos.

Después de muerto nada hay,
no importa a donde valla tu alma,
y tu cuerpo en tierra padecerá,
ya está quieto, nada hace.

Haz en vida lo que puedas hacer
hay muchos medios para poder comunicarse
y no es que desde el más allá te hablare o te perdone
porque no es así. ¡El tiempo es hoy!

308- Tu sonrisa II

He visto tu hermosa sonrisa
Tan dulce y duradera
sonrisa de oro, que perdura
llena de encanto y sincera.

Voz angelical, que retumba
dentro de cada ser
humilde y sensacional
mucha voluntad, hay en tu ser.

Resplandeciente en tu cara hay
esa sonrisa que no se apaga
contagiosa, que dan gana
de estar pegado en tu boca.

Me contagias, me cautiva
una sonrisa sin igual
maravillosa es tu sonrisa
que alumbra al mundo de par en par.

Esa sonrisa que a todos cambia
todos ellos fijados en ti,
rostro hermoso, lindo ojos
pero tu sonrisa me hace feliz.

309- Malévola

Pronto se olvidaras
solo era un bajo recuerdo
de alcantarillas subterráneas
solo era uno más, en tus encantos.

No eres amor, solo era un objeto
un trofeo más en tu vida,
que buscabas en cada esquina
solo para saciar tu sed.

Un objeto más en tu vida
tu refugio en cada amanecer
destrozando corazones
no importando su querer.

Cuando la manzana cae
es porque esta podrida,
o el viento la sacudió,
no esperes amiga mía
que llegue tu destrucción.

Tienes tiempo de cambiar
el momento es ahora
no esperes a la aurora
toma ahora una decisión.

310- Amor de corazón

Me gustan tus ojos
los que no he visto;
pero, tu perfil me dice,
que son los más lindo.

Es difícil no ver,
más difícil es no poder amar,
puros sentimientos que brotan
y te hacen imaginar.

Hay un brillo en tu ser
un corazón de altura
sentimientos profundos,
envueltos en ternura.

Corazón con sentimientos
tus palabras de aventura
plasmados en papel
es toda una locura.

Que sentimientos profundos
brotan por tu ser
inspiración divina
que se deja querer.

311- Que esconde

Quiero ver tus ojos y no puedo,
quiero besarte y la distancia me lo impide,
Pero, en mis sueños te veo
y creo que estoy contigo.

Que esconden tus ojos
que no me lo dejas ver
que secretos hay en ellos,
enséñame que quiero ver.

Quiero ver tu mirada
ver lo que dice tus ojos,
enséñame amor mío
dime que escondes en ellos.

Quiero atrapar tus besos
y que seas mi almohada
atrápame con tu mirada
quiero ser tu ladrón, tu preso.

Déjame verte, quiero ver
lo que esconde tu mirada
dime, que quiero saber
si en verdad tú me amas.

312- Amor eterno

Tengo mi vida contigo
y para siempre contigo vivir
tu eres la razón de mi existencia,
eres la que hace mi corazón latir.

Que delicia, es estar contigo
que bonito es este amor
sentimientos profundos,
donde no cabe el dolor.

Solo alegría y gozo
amor sin restricción,
pronto seremos esposos
y que dure esta relación.

Para siempre junto vivir
de una vida de ensueño,
amarnos toda la vida
que siempre seré tu dueño.
Que sea así, toda la vida
amor profundo, amor eterno,
amor que siempre dure
que sea amor, que no sea cuento.

313- Recuerdos

Qué recuerdos tan bellos
los que pase contigo,
tus ojos, mis destellos
que alumbro mi camino.

Los recuerdos más tiernos
lo pase contigo,
y contigo quiero tener más,
contigo, solo contigo.

Una aventura, un destino
placer fue en conocerte
y llenarme en tu delirio,
fragancia de amor por tenerte.

Juntos tú y yo toda la vida
con amor tierno y puro,
un placer quererte,
y que seas tú, mi destino.

Recuerdos tan bellos,
recuerdos para siempre seguir,
recuerdos que perduran
y junto siempre seguir.

314- Juntos para siempre II

No sabes cuánto te extraño,
que delirios ya tengo
ven conmigo amada mía
ven pronto, que quiero verte.

Ya quiero estar contigo
mis días se hacen largos
ven pronto amada mía
que quiero estar a tu lado.

Deseos tengo de verte
y formar nuestro destino
estar juntos para siempre
y que sea yo tu camino.

Tendremos dos hijos
una casa con jardín,
flores de las más hermosas
que todo sea para ti.

Allí viviremos para siempre
y de la vida gozar
siempre junto estar,
y desde enero a diciembre, amar.

315- Tuyo seré

Ojos negros cautivadores
rostro hermoso, como de una diosa
belleza insuperable
te tengo siempre en mi cabeza.

Ya no te puedo sacar
eres parte de mis días
eres la sensación más divina
no sabes cuánto te quiero, vida mía.

Tus labios siempre quiero besar
acariciarte a cada instante
mi amor te entregare
déjame acariciarte.

y tus labios divinos,
besarte, quiero besarte
quiero sentir tu cariño
déjame, que quiero amarte.

Ojos que hipnotizan,
mirada que me enloquece
bésame en la boquita
que tu corazón te pertenece.

316- Siempre quererte

Solo quiero entenderte
¿Por qué? no me quieres
escríbeme vida mía
yo solo quiero conocerte.

Quiero llenarte de mis caricias,
de mis besos y abrazos
amarte toda la vida
y tenerte en mis regazos.

Quiero estar contigo siempre
y de ti no despegarme
quiero ser más que tu amigo,
amor, déjame amarte.

A tu lado siempre estaré
estar contigo, déjame quererte,
a mi vida amarrarte
que contigo quiero casarme.

Viviremos muy felices,
no te decepcionare
solo a tu lado estaré
para siempre quiero amarte.

317- Bajo la luna

En tus labios aprendí a leer,
en mi cama aprendí a soñar,
que sería de nuestras vidas,
sí nos fuéramos a casar.

Y en la arena acostarnos,
bajo la luna, amarnos
donde sale el sol,
donde sopla el viento,
siempre nosotros gozarnos.

De donde sale el rio,
donde se oculta el sol
caricias siempre tenernos
aunque tengamos calor.

Soplara el viento suave
y nos hará felices,
caricias que confortan
y que broten raíces.

318- Mi culpa II

Escudriñare en mis sueños
y buscare mi pasado
quiero saber que ha pasado
porque tu amor, tiene otro dueño.

Tal vez sea mi culpa
por alejarte de mi lado,
por estar con mis amigos
y no preguntar que te ha pasado.

Sera porque no sea como antes
y que todo ha cambiado
o será que no era muy fuerte
y la bebida he llamado.

Ya sé lo que paso
y tuve yo la culpa,
no te di lugar en mi vida
ahora sufro por lo que ha pasado.

Se que no volverás
ese fue mi destino
por no amarte tanto
y sacarte de mi camino.

319- Vale mucho

Al ritmo de mi corazón
así quiero sentirte
quiero que estés conmigo siempre
yo quiero ser tu destino.

Soñaremos y reiremos
para siempre, como nunca
bailando la rumba
cada día al despertar.

Riendo, como locos enamorados
en la calle o en el hotel
con decisiones positivas
siempre siéndonos fiel.

Bajando de tren o en las tiendas
mostrando siempre nuestro querer
en la plaza del mercado
que todo el mundo pueda ver.

Lo mucho que nos queremos;
que este amor es muy grande
que siempre nos vamos a querer
cantando de cien en cien,
este amor vale mil veces cien.

320- Lazo de amor

Tu eres mi poesía
eres tú mi enamorada
sueño contigo día a día
fragancia de una madrugada.

Fragancia que a mi alma inspira
de escribirte muchos versos,
de sentirte día a día
muy juntito en mi pecho.

Serás siempre, mi amor
el agua que me da vida
el lienzo de inspiraciones,
que pinto en tu cuerpo poesía.

Estar contigo, quiero siempre,
estar contigo encadenado,
corazón a corazón
un lazo de enamorado.

Eres el viento, eres mi luz
yo tu camino, tu deseo
que siempre en mis brazos
te bienes a cubrir.

321- Celos venenosos

Que paso con nosotros
que este amor se enfrió
cual fue el motivo
por eso esto, no funciono.

Tus celos te abrumaron
y te alejaste de mi
pensaste que era mi culpa
y hoy vuelves a sufrir.

Locuras hay en tu cabeza
celos y por nada,
confianza fingiste
y hoy no tienes nada.

Mujer celosa, vale
pero, super celosa, desmadre
es como tener una mala suegra
y que la vida te amargue.

Este es el destino, que muchos abaten
cosas de la vida, cosas que pasan
que hace a muchos caer y se arrebatan,
los celos venenosos que desgarran.

322- Me canse

Me canse de esperar
de que a mi regresaras
que volvieras a mi vida
y conmigo te encontraras.

Ya no seguiré mas
entre mentiras y reproche
dime si quieres estar conmigo
o es que no quiere que te toque.

No, ya no aguanto más,
un simple hola, no me basta
dímelo de una vez
si de mi estas harta.

Solo quiero entender,
si quieres estar conmigo
dímelo de una vez
para buscar otro camino.

Un silencio, me dice que no,
que no volverás hablar conmigo
pero, te deseo lo mejor,
te deseo la mejor de las suertes.

323- A tu lado estaré

No porque alguien bese tus labios te ame,
no solo por abrazarte, sienta amor,
solo sé que de ti me enamore
porque hubo química hubo calor.

Que sentimientos más lindos
cuando estoy a tu lado,
cuando te siento cerca
en tu pecho acostado.

Que sensación más hermosa
es escuchar tu latir,
sentir tu respirar
y ese amor que sientes por mí.
Jamás podre dejarte,
ni tan siquiera lo pensare
siempre serás mi amada
y contigo siempre estaré.

Te amare todos los días
y en la noche gozare
eres la pasión a mi vida
y a tu lado siempre estaré.

324- Mentirosa

Ya no te quiero, quiero que lo sepas,
no siento nada por ti, no quiero nada
la chispa de la pasión se apagó,
ni cenizas en ningún lado queda.

Fuego ardió mis encantos
todos se esparcieron al mar,
nada quedo, no te volveré amar
ni mucho menos juntos estar.

Ya no siento nada por ti
frio quedo este amor,
ya serás un olvido,
como mala yerba en el pastizal.

Tu boca, solo habla mentiras,
engaños y falsedad
después que tanto te di
ya mi amor no te lo pienso dar.

Que valla bien tu camino
a uno como yo, no lo tendrás jamás
porque eres mala y tu destino,
será el olvido, y sola siempre estarás.

325- Lo intente

He rogado mucho por tu amor
y ya me siento cansado de esperar,
solo quiero de este sueño despertar
y buscar quien me quiera de verdad.

Llevamos mucho tiempo
de amigos, nada mas
quiero tener tu querer
y a tu lado siempre estar.

Quiero ser parte de tu vida
besar tus labios y sentir tu piel
me gustaría estar a tu lado atrapado
felices en la luna de miel.

Sueños pensados tengo
quiero ser el amor de tu vida,
yo quiero tenerte,
y estar contigo de por vida.

No amigo, no puedo
solo te considero mi amigo,
es que no siento lo mismo por ti
mi amor por ti es diferente.

326- Te engañaste

Me sobran caricias, quien las quiere
me sobran besos, quien los desea,
me sobra amor, tú lo quieres
porque mi novia no los desea.

Pendiente a otro, solo por dinero
pero el amor no se compra,
ni los sentimientos, ni um te quiero;
a cada palo le llega su hora.

Piensa que el dinero lo es todo
que no hay nada más, en el camino
embriagada de falsos amores
y tu amor quedara en el quinto.

Yo no me muero por mujeres,
miles de peces hay en el mar
llegará alguien que me sepa amar
que tenga clara sus intenciones.

A dios bay, pedacito de hiel,
amarga será tu sentencia
que tu juntándote con aquel,
pero acuérdate que el dinero,
ni la fama, no te darán un puro querer.

327- Tú, lo eres todo

La dulzura más bella, lo eres tú,
la fragancia más divina, lo eres tú,
el amor perfecto, lo eres tú,
el deseo de mi vida, lo eres tú.

Eres tú, mi suspiro,
eres tú, mi poesía,
eres tú, vida mía,
eres tú, lo que tengo dentro.

La canción de mi vida, lo eres tú,
la alegría de mi alma, lo eres tú,
la que me da cariño, lo eres tú,
la melodía perfecta, lo eres tú.

Eres tú mi estrella
eres tú, el amor de mi vida,
eres tú, la que conquiste,
eres tú, la que me da armonía.

La noche perfecta, lo eres tú
la sensación divina, lo eres tú,
el deseo de mi alma, lo eres tú
lo que me da vida, lo eres tú.

328- Contigo me siento feliz

Por mí, hablaron mis ojos,
por mí, hablo mi corazón
eres tú, la que me inspira
a escribir con pasión.

Tú llenas todos mis sentidos
la que me hace reír
retumba mis latidos
cada vez que pienso en ti.

Que feliz me siento contigo,
con los deseos de amarte
y llenarme siempre de ti
y solo para ti, mi vida estregarte.

Estaría perdido, sin tu amor
loco, amargado y sin ideas
tú eres, la que hace latir mi corazón
y tengo fijo mis ideas.

Que bien se siente, ser amado
y que tu amor te corresponda
llenarse de sus locuras
y estar en buena onda.

329- Amor sincero

No cabe duda, que te amo
que me muero por ti,
que sin ti no soy nada,
que sería un pollito sin maíz.

Un amor que no se acaba,
un amor que no tiene fin
amor puro y sincero
que no tiene, porque sufrir.

El deseo más grande
es de estar a tu lado
tenerte, amarte, besarte
y estar siempre a tu costado.

Fragancia divina, lo eres tú
delirios de mis deseos
eres la luz de mi vida
fragancia grata, de mis pasiones.

Contigo me siento feliz
enamorado estoy de ti,
amarte, siempre amarte
eso es lo que me hace feliz.

330- Recuerdos maravillosos

En mi vida todo es perfecto
porque te tengo junto a mí,
eres la sensación más divina,
estoy contento, porque te tengo a ti.

Ese fue el día, más maravilloso
el día en que te conocí
gracias a Dios por conocerte
y que ahora eres para mí.

maravillosos momentos juntos
recuerdos gratos y divinos
escribiéndote tantos versos
más deliciosos que el vino.

El tiempo pasa y pasara
pero los recuerdos quedan,
son tantos recuerdos que tengo
plasmados en mi alma quedaran.

Me besas con tanta pasión
que mis días son siempre alegres
tu sonrisa es mi presente
belleza eres, digna de admirar.

331- Eres maravillosa

No existe nada en el mundo
que no sea amarte mas
darte siempre mi amor
y nuevamente a conquistar.

Como una estrella fugaz
así te deseo en cada noche
que siempre estés para mí,
o escondido en el coche.

Quiero, te quiero, quiero
a mi lado siempre tenerte,
llámame a cualquier hora
y tu lado corriendo estaré.

Que sensación divina siento
de estar a tu lado siempre
llenarme de tus caricias
tómame de la mano y siente.

Este cariño que por ti brota
inspiración divina que me das
eres todo lo que quiero
y de ese amor inmenso que das.

332- Un vacío, un silencio

Me ha matado tu silencio
destruyo mi ilusión
de conquistar tu corazón,
tu silencio me quiso matar.

No hubo palabras, para hablar,
ni momentos que responder
silencio para nadar,
palabras vacías en el mar navegar.

Si no me quieres, que paso
no tienes el valor de decírmelo
te quedaste mejor callada
y dejaste mi corazón hundirse.

yo sé que paso, ya lo se
el silencio lo dice todo
traicionaste mi querer
y me dejaste tirado como un bobo.

Todo en la vida se paga
tarde o temprano llega su cruz
cuando lo mismo te hagan
ya no volverás a ver la luz.

333- Relación madura

Quizás sea mejor olvidarte
ni tan siquiera me escribes
me ignoras a cada rato
pero no me pidas, que de ti me olvides.

Se que la distancia impide algo,
quizás la confianza no sea la misma,
pero escríbeme debes en cuando,
escríbeme pronto de prisa.

Porque necesito saber si estás bien
porque de ti estoy enamorado
quiero estar a tu lado
porque contigo me siento feliz.

También sé que el tiempo traiciona
entre el trabajo y los deberes
hay poco espacio para hablar,
solo quiero de bes en cuando charlar.

Para si saber si me quieres.
Hay que tener un buen rato
para que la relación madure
sueño contigo a cada rato
siento que estoy en las nubes.

334- Eres mía II

Mírame cuando te miro
háblame cuando te hablo
bésame cuando te bese
que quiero sentirme enamorado.

En invierno o en verano
quiero sentirte cerca de mí,
que sea así, todo el año
que mi amor sea para ti.

Como la fuente de los deseos,
como el cantico de las sirenas,
cada día cautivas mi corazón
y tu amor, no envenena.

Eres como pez en mi corazón
navegando sin fronteras
bajas hasta los pies
y también en mis venas.

Te veo y late mi corazón de prisa
te beso y siento tu respirar
contigo siempre quiero andar
eres mi estrella, la que pienso yo tocar.

335- Linda melodía

Quiero escribir en tus labios
la mejor de las poesías
y en tu piel besarte
que seas tú, mi melodía.

Tenerte en mi mente quiero
y pintarte en mi corazón
con tinta imborrable
que tenga mucha duración.

Pintar tus labios, pintar tu boca,
pintar tus manos, que mi corazón toca,
tenerte siempre a mi lado
y amarte con furia loca.

La gran melodía suena en mi corazón
cuando te tuve cerca de mi
el día en que te conocí,
nació en mi la razón.

Por eso es que te amo tanto
que hace ding dong mi corazón
con la melodía, con el cantico
yo soy tu pillo, tú ladrón.

336- Cada día crece

Mi voz te llama en silencio,
te dice que vuelvas a mi
que me muero por tenerte
quiero sentirte cerca de mí.

Quiero ser tu jardín,
ven plántate en mi corazón
como mago de aladdin
crecerás con eterna pasión.

Florecerá, crecerá alto
hasta el cielo y más allá
crecerá tanto y tanto
que hasta más allá
de las estrellas, llegara.

El destino que nos une
el amor, de eterna bondad
crecerá sin espinas
siempre diciendo la verdad.

Amarnos hasta la eternidad
más allá de la muerte
gracias a Dios por tenerte
y por tanta felicidad.

337- Gran belleza

Si tu piel fuera papel
y mis labios tinta
escribiría muchos versos
muchos poemas y poesía.

Derramaría en tus labios
un mar de pasión
y en tu cuerpo dibujaría
la más grata sensación.

Un beso en cada parte de ti
derramaría mi tintero
como hacen los carpinteros
siempre clavadito a ti.

Como un buen dibujante
que escoge sus herramientas
así es un buen poeta
que escoge bien su doncella.

Y esa eres tú, mi amada
más bella que las estrellas,
más radiante que el sol
tu belleza no se iguala,
hasta la luna se esconde de tu resplandor.

338- Pronto llegara

Donde existas tú,
allí quiero estar yo
si la distancia es lejana
siempre habrá solución.

Solo el mar nos divide
pero mi amor siempre esta
entre vientos y tempestades
mi amor siempre estará.

en cualquier momento llegara
ese día tan esperado
en tu mundo atrapado
juntos hemos de estar.

Por siempre te quiero amar
y estar contigo siempre
lléname de tus caricias
y estar contigo hasta la muerte.

Poco a poco llegaremos
y para siempre llegaremos
quererte toda la vida
y de nuestro amor, gozaremos.

339- Eres mi amor II

Déjate llevar por mis besos,
déjate llevar por mi calor
llénate de mis ansias locas
solo te quiero enamorar, mi amor.

Siento un deseo grande
de estar contigo amor
eres el frio de mi calor,
quiero que estés conmigo en mi corazón.

Mi sensación más grande, lo eres tu
tus caricias y tu compasión
y en mis difíciles decisiones
siempre estar contigo, mi amor.

Acaríciame, bésame vida mía
que quiero saborear tus besos
deja que seas mía
que quiero en tu corazón, estar preso.

Tu eres lo más que amo
y mi amor muere por ti
quiero ser tu enamorado
deja que te llene de mí.

340- Que sientes

Que dice, tu corazón de mi
que sientes cuando te miro,
que te dicen mis palabras,
si te enamoras, te hará feliz.

Ya no canta el gallo en la mañana,
ni la gallina da su cacarear
es la naturaleza la que llega
estar contigo trasnochar.

Eres mi vaso sanguíneo
y yo muero por ti,
que nuestra vida sea el evento,
que dedicare siempre para ti.

Solo sé que te amo mucho
que quiero ser parte de tu vida
me amas, poco, regular o mucho?
que es lo que te gusta de mí.

Que sientes cuando estés a tu lado
que emociones hay en ti,
yo sé que quiero estar a tu lado
y estar siempre junto a ti.

341- Aquella vez

Ya tu eres mi droga,
ya tu eres mi suspiro
quiero tenerte siempre a mi lado
porque tu amor es el más divino.

No puedo despegarme de ti
tu presencia es mi alegría
con tus caricias me siento feliz
y mi corazón, solo quiere estar junto a ti.

Es un amor que no se quita
es mi deseo de seguir amándote
mi amor por ti no se quita
y mi corazón solo quieres amarte.

Fue aquel día de playa, aquella vez fue
cuando se conectaron las miradas
una sensación recorrió por mis venas
como un cuento de hadas, eso fue.

Nos conectamos al instante
y fue el principio de un amor
que Dios proteja esta unión
y nos ayude en nuestro presente.

342- Gracias Dios

Tengo un vicio muy grande
y es de estar contigo
de tenerte a mi lado
y ser siempre tu abrigo.

Es alegría, de siempre tenerte
de que siempre estés conmigo
que me beses a cada instante
y me des siempre tu cariño.

Ser como unos niños
crecer y envejecer,
ser esposos hasta la muerte
siempre gozarnos y tener placer.

Qué futuro nos espera
en disfrutar y tener hijos
con un amor sensacional
y de que estés siempre conmigo.

Gracia a Dios por tenerte
y de haberte conocido
ahora me siento amado
bendecido y agradecido.

343- Mi tempestad

Ya te fuiste, ya no estas
ahora soy un vacío, un olvido
que se muere cada día
en esta horrible tempestad.

Solo queda el vacío,
una triste soledad
oscuridad como el cilicio
mi corazón tiene tempestad.

Así es el destino
misterioso y caprichoso
donde esta toda la oscuridad
allí quedo mi tempestad.

La que me abruma cada día
porque ya tu no estas
ella siempre está allí,
esa es mi horrible tempestad.

Quedo un vacío, un hecho
que no lo he podido superar
me abrume, me acosa,
en el sepulcro quedo ella,
y esa es mi tempestad.

344- Contigo no volveré

Quizás, solo quizás, te quiera
Solo quizás pueda amarte
con la traición que me hiciste
solo quizás, pueda perdonarte.

Lo que hiciste, sí que tiene nombre
se le llama traición
no tuviste compasión,
y las cosas cambian, no quedan igual.

El tiempo pasa y sigue pasando
y el dolor quizás se cure
pero el dolor es mucho
y no sé cuánto tiempo dure.

Como se dice, el tiempo lo cura todo
pero tu traición no tiene cura
hay cosas que se perdonan
y otras que se echan a la basura.

Perdón tienes, pero no volverás conmigo,
a mi lado no volverás
aléjate de mi lado
que conmigo jamás estarás.

345- Prospera relación

Se desprenden mis lagrimas
brotan sin cesar
ya es como un aguacero
que ya no puedes ya parar.

Es por la alegría de tenerte
de que estés junto a mi
y de que ahora pueda amarte
tu presencia me hace feliz.

Fueron muchos días en el extranjero
ni por la web cam se puede igualar
de besarte y de tocarte
y poder amarte hasta despertar.

Que grato es estar contigo
llenarme de tus besos
acariciarte a cada rato
y estar junto en mi pecho.

Me encanta estar contigo
y pertenecer a tu corazón
estar siempre juntos
y que crezca este amor.

346- Eres mi enamorada

Me dejare llevar por tu amor
por tus caricias y tus besos
embriágame de tu calor
derríteme en tu cuerpo.

Quiero ser parte de ti
quiero saborear tus deseos
como fragancia de carmesí
dame amor, que es lo más que deseo.

Como el aire, que rosa por tu piel,
como las sabanas tocan tu cuerpo
amarte hasta el amanecer
hermosos serian esos recuerdos.

Embriagarnos de mucho placer
como luciérnagas en la madrugada
para siempre te quiero tener
y recordar siempre esta velada.

Que gozo en poder tenerte
día, tarde, noche y de madrugada
desearte poder amarte
y que, de mí, estés enamorada.

347- Eres mi pasión III

Yo tengo mis labios secos
necesitan nutrición,
necesitan de tus besos
porque ya no tienen, ya sabor.

Bésame con deseo furioso,
bésame por toda la piel
muérdeme y acaríciame
como tú lo sabes hacer.

Que en tu mirada sienta pasión
que te vuelvas loca al besarme
tu eres mi adición
y otras cosas puedes tocarme.

Esos, sí que son deseos profundos
de llenarme de tus encantos
de amarnos, poco a poco
y reunirnos en el cuarto.

Una emboscada de pasiones
amor, amor y decisiones
qué bello es el amor
es la melodía, de nuestras canciones.

348- Tu eres mi todo

Tus ojos me hablaron,
tus labios me escucharon,
tu sonrisa me coqueteo
y tus manos me amaron.

Que delicia, que encanto
sentir en mi pecho tu calor
tus caricias y tus besos
mi corazón lo dice cantando.

Que alegría tan divina
de estar junto a ti
saber que me deseas
y que quieres todo de mí.

Un deseo, una pasión, una locura
todo eso nos rodea
y nos hace estar feliz
que droga tan impactante
amor loco, que quiero sentir.

Llama de fuego, son tus ojos
tus labios, suave como la seda,
tu sonrisa la más hermosa
y tu amor en mi se queda.

349- Estoy de ti enamorado

Besos, quiero muchos besos
abrazos, quiero abrazos
caricias, quiero las tuyas
ámame, quiero ser tu regazo.

Quiero ser el timón de tu amor
el que navegue por tus venas,
el que te haga sentir enamorada,
el que limpie tus arterias.

Quiero estar en tus pensamientos
y quitar todas tus penas
quiero librarte de malos recuerdos
y romper todas tus cadenas.

Las que tienen tu corazón,
las que envenenan tus venas
quiero ser tu antibiótico
que libre todas tus penas.

Quiero ser tu curandero,
tu medico particular
quiero cuidarte de por vida
y llevarte hacia el altar.

350- Apasionado es tu amor

Llévame hasta la cama
acaríciame y dame besos
deja que sea tu fragancia
y al oído dime que quieres de eso.

Hazme el amor, locamente
fuerte y apasionado
que retumbe en todo el cuarto
y despertar al vecino del lado.

Ver el amanecer por la ventana
y sentir la brisa que va pasando
besar tus labios me interesa
vamos a la cama que no estoy cansado.

Así, sí que gozaremos
el día, día con placer
siempre juntos contento
desde la mañana hasta el amanecer.

Qué bello es la vida
con la persona que amas
dedicando todas las energías
en un amor que no se acaba.

351- Déjate amarte

No me digas que no, que no, que no
dime que sí, que sí, que si
bésame mucho, mucho, mucho
quiero tu amor, que sí, que sí.

Dime que me quieres
no digas que no, dime que me amas
que deseas estar conmigo
de tarde, noche y de madrugada.

Es que te amo, con locura loca
y contigo me siento feliz
amarte es el comienzo
solo quiero estar cerca de ti.

Concédeme el honor de amarte
de alegrar tus días
de quererte siempre, vida mía
quiero ser tu canto, tú melodía.

Consolarte en tu llanto
abrigarte en la noche fría
ser tuyo para siempre
eso me llena de alegría.

352- Juntos los dos

Le pregunte al corazón
y le pregunte a mi mente
si lo que siento es amor
o es que me muero por tenerte.

El corazón me contesto
eso depende de tus instintos
sí es amor de verdad
o es solo caprichos.

Hay dos cosas muy distintas,
el sentimiento y el deseo
lo que siente el corazón
y las emociones de tu deseo.

Y la mente me contesto
lo que pienso muchas veces no es,
y las sensaciones de tu cuerpo
son impulso o coqueteo.

La mente es parte del cerebro
y el corazón en sus sentimientos
los dos juntos hacen uno
para tener mayor conocimiento.

353- Contigo deseo estar

Soñé contigo y me disté un beso
volví a soñar y me distes dos
a la tercera me levante
y no pude llegar a las tres.

Me levanté y me fui a tu casa
y rápidamente te bese
desesperado por tenerte
que a tu lado me acosté.

Es que no pude estar sin ti
me haces falta cada día
lléname de tus alegrías
solo quiero que estés junto a mí.

Casémonos vida mía
que tengamos un lindo romance
quiero estar junto a ti, toda mi vida
y que este amor nunca se canse.

Formar mi vida contigo
estar juntito los dos
amarte es mi anhelo,
quererte es mi pasión,
desearte mi consuelo
siempre estar juntitos los dos.

354- Tuyo para siempre

Te pedí un beso y me distes dos,
te pedí caricias y me distes muchas
me abrazaste y me amaste
que rico es este amor.

Eres una mujer maravillosa,
una mujer espectacular
tu sonrisa me enloquece
y yo soy tu guía, en alta mar.

Seria bien bobo en perderte
en alejarte de mi vida
estúpido seria perderte
ni, aunque otro me lo pida.

Un amor puro y bonito
es lo que en ti encontré
no habrá nadie como tu
y tu calor yo tendré.

Separarme de ti, jamás
mi corazón no lo consentirá,
mi amor por ti es genuino
y tú siempre lo tendrás.

355- Contando los días

Verifique en mi calendario
el día que te voy a visitar
para darte muchos besos
y no quererte soltar.

Ese día es hoy, llego ese día
aunque te vi ayer, no pude darte nada
una sonrisa y palabras bellas
pero hoy, estaré contigo abrazado.

Envueltos en la cama
dándonos mucho placer
que llegue el atardecer
contigo estay hasta mañana.

Deseos y más deseos
cuando te miro por la ventana
te llamo cada día
esperando que estés despertada.

Mi deseo es estar contigo
y tenerte en mi morada
darte muchos cariñitos
y que todo sea una pasada.

356- Momentos maravillosos

Qué recuerdos aquellos fueron
donde me decías que me amabas
que mis labios saboreabas
y acariciabas mi pecho.

Me decías cosas lindas
de tus palabras me embriagabas
me llenabas de caricias
y todo eso me gustaba.

Me decías amor mío,
quiero estar embarazada
quiero tener dos o tres hijos
fruto de tu carnada.

Pero llego la oscuridad,
llego el sepulcro,
llego el vacío en las tinieblas
y no pude darte el gusto.

La muerte llego de repente
de un indeseado con su automóvil
ahora me siento tan inútil
sin tener tu amor, tus caricias,
tus besos, ni sentir tu cutis.

357- Parte de ti quiero ser

En el reflejo de tu mirada,
en la dulzura de tus labios
al sentir tus caricias
y llenarme de tus encantos.

Que bellos ojos tienes
que labios sensacionales,
que hermosa es tu cinturita
que a cada hora quiero tocar.

Tu destino, yo quiero ser
yo quiero, a tu lado estar
siempre besar esa boquita
y tu corazón conquistar.

Quiero ser tu cepillo de dientes
tu abrigo, tu lápiz labial
quiero ser tu perfume, tu desodorante
lo importante, que a tu lado siempre estar.

Quiero ser el aire de tus pulmones
el oxígeno de tu sangre,
el viento que te toca
y el sol de tu mañana.

358- Contigo siempre

Te cubriré con mi pecho
cuando tengas frio
y te recitare un poema
para debilitar tus deseos.

No sabes cuánto te deseo
que mi mirada te coquetea
sabes que te desea,
quiere llenarse de ti.
Estar en tu diario vivir
y siempre acariciarte
estar contigo siempre
tú serás mi existir.

Mi corazón vuelve a latir
cuando estoy junto a ti
cuando acaricio tu costado
y me haces respirar.

A tu lado siempre estar
vivir felices como un cuento
sentir siempre tu aliento
solo contigo quiero estar.

359- Amarnos siempre

Sentir tus caricias quiero
y besarte cada día
decirte cosas chulas
y amarte toda la vida.

Es que te quiero vida mía
eres la luz de mi existir
juntos por ahí salir
a donde tú quieras vida mía.

Me siento feliz a tu lado
y eso no hay que discutir
besarte cada día
ese será mi diario vivir.

Viajaremos por el mundo
y gozaremos de la vida
reiremos cada día,
solo quiero estar a tu lado.

Vivir felices, vivir
esa será nuestra tarea
amarnos para siempre
y bajar del avión, que nos marea.

360- Cuéntame más

El susurro de tus palabras
que retumba a mi oído,
que sensación más grata
dime más amor mío.

Que tus palabras quiero oír
en cada mañana al despertar
qué lindo contigo estar
dime más, que quiero oír.

Cautívame con tus palabras
has mi cuerpo vibrar,
oyendo tu palpitar
cada vez que me hablas al oído.

Más divino que el vino
es escucharte susurrar
palabras que me envuelven
y me hacen transformar.

Que la noche sea para amar
la mañana también,
y cuando caiga el atardecer
otra vez volvamos amar.

361- Quiero ser tuyo

Deja navegar por tu cuerpo
que acaricie tu piel
quiero sentirme enamorado
una y otra y otra vez.

Déjame navegar seguro
que corra mi sangre por tus venas,
caliente como la arena
en un día de calor.

Que no habrá dolor
solo armonía y alegría
besarnos noche y día
para siempre junto vivir.

Quiero ser el calor de tu mañana
el frio de cada amanecer
para siempre estar juntitos
cada día y en cada anochecer.

A cada hora, estar contento
que vivamos de placer
y en cada aguacero
siempre tu guía yo seré.

362- Tu destino seré

Que sueño tan bonito
cuando soñé que me amabas
esos sueños, eran tan lindos
que no quise levantarme de la cama.

Que feliz que seas mi amada
la enamorada que quise tener
nunca serás igualada
tu amor, ni tu querer.

Tan solo de poder amarte
mi vida se llena de paz
ya mi corazón, no tiene luto
ahora respira con libertad.

Es un placer en tenerte
de que siempre estés conmigo
amarnos hasta la muerte
que yo seré siempre tu destino.

Yo seré tu abrigo
el que siempre te acompañe
realidad se hizo mi sueño
de que ahora pueda amarte.

363- La confianza

No dejare este amor
luchare por lo imposible
no importando el dolor
todo se puede, todo es posible.

Problemas siempre hay
lo importante es resolverlos
hablando con razón
y los problemas discutirlos.

Que no cunda el pánico
siempre hay solución
lo que nos separa será la muerte
y en eso no hay discusión.

Confianza en una relación
es un voto de confianza,
confianza y no traición
y que viva la esperanza.

Ser infiel en una relación
eso se pondrá en balanza
si no hay ya querer
se perderá toda la confianza.

364- Ya pasaron

Quiero ser como un niño
y darte un beso sin querer,
a veces es bueno ser ignorante
y de las ocasiones aprovechar.

Se vive una sola vez
uno crece y se hace adulto
se vive para aprender
hay cosas de niño, cosas de adulto.

Habrá mucho que pensar,
cómo va pasando el tiempo
lo que no pudiste ser ayer
no volverá a ese punto.

Las experiencias del ayer
son recuerdos del mañana
poco a poco vas a entender
que se vive un día a la vez.

Así, cuando eras como un niño
recuerdos siempre quedaran
si no pudiste besar aquella vez,
ya esos momentos pasaron, no volverán.

365- Perfumes de sabores

Que el aroma de tu perfume
seduzcas mis sentidos
abrígame en tu nido
y de tus labios no apartarme.

Calor de ti, quiero sentir
de esos besos de chocolate
hace mi corazón latir,
cada vez que puedo amarte.

Ese perfume me enloquece,
ese perfume al natural
tu piel huele a manzana
jugo de uva y tropical.

Que fragantes sabores
son tus labios y tu cuerpo
fragancia divina, de muchos sabores
es cuanto te siento, junto a mi pecho.

Un mar de sabores,
arcoíris de pasiones,
que divina sensaciones,
cuando hay emociones,
revoloteando en nuestros corazones.

366- Ya me siento vivo

No hay vacío en mi alma
se me olvido lo que es sufrir
cuando sentí tu amor verdadero
y tus caricias de alegre vivir.

Has recargado mis fuerzas
y me hiciste olvidar
trasformaste mi vida
y mi pasado lo pudiste atrapar.

Que contento me siento
de poder olvidar mi pasado
de cosas muy tristes
y de todo eso, de estar condenado.

Aunque las cosas no se olvidan,
pero ya no se siente el dolor
lo pasado quedo en el pasado
el olvido, lo cura el amor.

Por eso contigo, me siento vivo
lleno de pura libertad
mi corazón vuelve a estar seguro
y está feliz, como esta.

368- Tu eres mi sendero

Que feliz me siento contigo
al mirar tus ojos y al verte sonreír
mi vida ya tiene sentido
y mi corazón vuelve a latir.

Tu alegría, es mi alegría
tus tristezas las mías
y como tú, eres mía
tu amor es mi grandeza.

Eres mi retoño de mis mañanas
lo que alivia mis asperezas
encantado estoy contigo,
eres mi amada, la duquesa.

Que viva el amor, que vivas tu
mi enamorada, la que quiero
tenerte siempre conmigo,
es lo que más deseo.

Que cariño hay en ti
todo ya tiene sentido
que alegría siento por ti,
que rico es estar contigo.

368- Mi vida eres tu

Si se apaga el sol
y se va la mañana
tu belleza es tan perfecta
que al mundo alumbrarías.

Y sin duda, por ti daría
un amor que no se apaga
sentir tus mejillas
y abrazarte en cada mañana.

Eres el deseo de cada amanecer
de encontrarme en tu morada,
de que seas mi enamorada,
tu eres la que deseo, la que quiero tener.

Ahora mi vida tiene tu sentir
esa calidez de tu mirada
que, de mí, no estés separada
tu eres lo que, a mi corazón, hace latir.

Qué bello sentir de cada día
al tenerte en mi posada,
juntitos siempre en la cama
tú serás siempre mi enamorada.

369- Tu mirada II

Lo veo en tu mirada
también en tu sonrisa
lo tanto que me amas
que emoción tan exquisita.

Se que por mi darías
una larga caminata
desde tu casa a la mía
es que de mí está enamorada.

Yo por ti siento lo mismo,
yo de ti estoy enamorado
contigo se cerró el abismo
el que me tenía encadenado.

Por fin vivimos juntos
feliz de haberte encontrado
durmiendo calientitos
y por tu amor, estoy atrapado.

Tu mirada lo dice todo
fue como me enamore,
la paz contigo encontré
ahora lo tengo todo,
de tu mirada me enamore.

370- Me embrujaste

Sé que tenías razón
cuando me embrujaste con tu mirada
me enloqueciste con tus caricias
y que estas de mi enamorada.

Tenías en ti la pasión
para enredarme en tu corazón,
de hechizarme para siempre
y para ti fuera este amor.

Yo encantado de tenerte
de que sea solo tuyo
me comprometo a quererte,
me dejare llevar por tus embrujos.

Que sean muchas las ocasiones
de amarte a cada instante
de quererte y saborear
tus labios llenos de pasiones.

Que delirio hay en mi interior,
de ti estoy enamorado
embrujaste mi corazón
con tu mirada encantadora,
ya no tengo depresión
solo soy para ti, mi enamorada.

371- Lo perdiste

No voy a llorar tu querer,
y a olvidarme del pasado
no poder estar a tu lado
ya mi corazón no está presente.

Con delirios de repente
fueron causado por traición
allá es la estación,
la causa fue inminente.

En las vías del tren
yo quiero tirarme
fue una decisión
que cruzo por mi mente.

Por dejarme sin motivo
mi corazón se fue destrozando
cada día se fue despedazando,
no tiene cura lo que me hiciste.

Dejare a tras el pasado,
a olvidar lo que me hiciste,
aunque mi corazón, tenga cicatrices
un buen amor, tu perdiste.

372- Eres mi destino

Hoy, yo sé que te amor,
mañana también lo estaré
estoy muy enamorado
no te dejare de querer.

Es así y será para siempre
a tu lado yo estaré
de este amor y de este querer
siempre estaré a tu lado.

Ya no tengo pasado
mi futuro está contigo
eres mi amor divino
tu eres, ahora mi destino.

Donde tu estés, yo quiero estar
quiero ser, siempre tu querer
por siempre, parte de tu ser
de tus besos siempre obtener.

Tener un buen amor, es vida;
besarte y llenarme de tu calor
sentir tus caricias y tus besos,
para siempre tendrás mi amor
tu eres lo único que deseo.

373- La más bella II

Mi corazón y mi alma
respondieron a coro,
que muchacha más bonita
esa es, la que yo más añoro.

Tu belleza, la más preciosa
la reina de las diosas
eres radiante apasionada,
más bella que las rosas.

Eres más radiante que el sol
más preciosa que la luna
como tú no hay ninguna
tu belleza es solo una.

Celosas se pusieron las rosas y la luna,
la diosa de las diosas, eres tú,
la más bella y más radiante
ni las hadas, ni las sirenas,
son más bella que tú.

Tu belleza, la más virgen,
tus labios, los más sensuales,
tu sonrisa, la más tierna
y tu cuerpo incomparable.

374- Te encontré

Que maravillosa es mi vida
cuando te conocí
ahora mi barca es segura
y estoy muy feliz.

Llevaba años buscándote
y por fin te conocí
ahora mi puerto es seguro
y que siempre sea así.

Es una alegría de tenerte,
que ricos son tus besos
saborear tus caricias
cada vez que te veo, me vuelvo loco.

Me gusta tu sonrisa y tus hoyuelos
me agrada estar a tu lado
decirte que te quiero
y que de ti estoy enamorado.

Que ricura eres tú,
que sensación, es un agrado
de que estés junto a mi
yo seré siempre tu enamorado.

375- Contigo me siento feliz II

A ti te encanta la fresa,
a mí me gusta el mabí
entre risas y canto
contigo me siento feliz.

Entre la rumba y la plena
el sonido del coquí
riendo y gozando
contigo me siento feliz.

Hay sonidos de gato,
allí, justo allí
pero seguimos gozando,
contigo me siento feliz.

Pasan las horas, canta el gallo
y besándote en la nariz
entre gritos y llantos
contigo me siento feliz.

Se oculta el sol, llega la luna
y ella empieza a sonreír
sabiendo que nos queremos
por eso contigo me siento feliz.

376- Dímelo

Azul estaba el cielo
cuando aquel día te conocí
tus fotos yo admiraba
y me enamore más de ti.

Hablamos de muchas cosas
tú me haces reír
me enamore de tu sonrisa
y sabíamos que decir.

Ahora casi no me hablas,
ni mis preguntas contestas,
no sé lo que te pasa,
no sé lo que te molesta.
Sera que ya no me quieres
o la distancia te molesta
de no poder estar juntos
o son mis años los que te atormentan.

Si no me quieres dímelo,
si no quiere que sea tu enamorado
o es que ya tienes a otro en tu mente
que no está lejos, sino en tu lado.

377- Amor puro

Tu y yo juntos para siempre
comprometido eternamente,
a tu corazón siempre anclarme
ya de tu mente, no podrás sacarme.

Aunque haya momentos difíciles
siempre seguiremos juntos,
para amarnos y querernos
solo la muerte es un obstáculo.

Es mejor reír y llorar
amarnos por toda la vida
lloramos y después gozar
que no haiga, despedida.

El que no tiene problemas, no ha nacido
siempre hay altas y bajas
lo importante es siempre reír
y lo malo tirarlo en cajas.

Mi amor, es solo tuyo
y para ti por siempre,
entre nuestros corazones un nudo
que no lo separe las desilusiones.

378- Nuestra unión

En tus labios plasme
el más puro sentimiento,
no se borrará este querer
yo te amo, no te miento.

Tu quitaste mi sufrimiento
y me consuelas cada día
mi vida era una tormenta
ahora vivo de alegría.

Me enamore de tu inteligencia
de las palabras que me dices,
ahora vivo para amarte,
te amare por toda la vida.

Eres todo para mí,
me sacaste de mi sepulcro
valoraste mi interior
sí me dejaras, no te culpo.

Pero te enamoraste de mi interior
de la superficie, poco te importo
sentiste mi dulce corazón
y a mi corazón tú te uniste.

379- Sentimientos puros

Con versos quiero decirte
que, sin ti, no soy nada
estas en mi alma atrapada,
quiero explicarte mi sentir.

Solo a ti te quiero decir
que no será cuento de hadas,
y de tu amor siempre seguir
que, sin ti, no soy nada.

De noche o de madrugada
serás mi diario vivir
alegre estoy de seguir,
que siempre seas mi enamorada.

Mi vida, a la tuya anclada
como el agua con su pez,
será nuestras vidas juntos
como jaque mate, del ajedrez.

Con rimas, versos a la vez
poemas, poesías el sustento,
palabras de encantamiento,
palabras que enamoran el corazón,
son de los más puros sentimientos.

380- Sin ti, que yo haría

En tus brazos pude hallar
ese descanso que tanto quería
has consolado mi llanto
ahora tengo gozo y alegría.

Una vida sin ti, que yo haría
que tú me haces reír
mi amor es solo para ti,
sin tu amor, que yo haría.

Eres la luz de mis días,
y del sol, tú eres mi sombra
cuando tengo frio, me das calor
y en cada día, tú me das sombra.

Llena eres de gracia
sustento a mi corazón,
fortaleza, eres mi aliento
ahora mi vida tiene razón.

Como al ritmo de una canción
fue lo que entono mi vida
que dulce fue la ocasión
cuando mi vida, encontró tu vida.

381- Mi amada

Mi corazón a ti te canta
una dulce melodía
entre grito y alegría,
te dedico versos, poemas y poesía.

Mi corazón me lo decía
que tu serias para mi
es amor, que lo que por ti siento,
funeral de muerte, no es para mí.

La distancia no me separara
ni los años tendrán quebranto
el amor, de lo más santo
que toda cosa supera.

Sangre de tus venas
corren por mi ser,
es amor lo que siente mi ser,
atado por mil cadenas.

Tú serás mi nena,
la doncella, mi enamorada
en mi guarida, en mi morada,
llenándote siempre de placer,
serás mi nena, mi amada.

382- Tu timón

Sopla el viento a vapor
me dice que es buena señal
porque yo soy tu timón
y navegando contigo estaré.

Como un acto de fe
así es mi amor por ti,
a tu lado yo estaré
en busca, voy por ti.

Navegando por alta mar
a tu país yo llegare
de mi te enamoraras
y yo de ti me enamorare.

Que así sea nuestro destino
para amarnos en toda ocasión
no tomo ron, no tomo vino
porque mi amor, es tu perfección.

Mirarnos de frente, por primera vez
será un encuentro distinto
que nuestro amor sea infinito
más allá de las estrellas,
así será nuestro querer.

383- Se murió

Oh, que delicada esta mi alma
frágil como un cristal
llevando fragancias al viento
que no se puede ya volar.

Frágil, como pétalo de rosa,
débil, como un moribundo
se estilla cada vez la copa,
se debilita en cada segundo.

Como si tuvieras en coma,
por mucho tiempo,
desconectado de este mundo
perdido como vagabundo
y no poder ser consolado.

Se agrieta más la copa
empiezan a caer pedazos
mi amor es un fracaso
con males y sin remedio.

Ya la copa se rompió
mi amor ya se murió,
les desconectaron las maquinas,
un milagro, no ocurrió.

384- El libro del olvido

En el libro del recuerdo
allí se abate mi alma
ya no estamos de acuerdo
quien tuvo la razón.

De que esta relación, decayera,
de problemas y de flojera,
débil fue la ocasión
de que este amor, decayera.

Allí quedaron en el recuerdo
en el libro del olvido
donde se escriben palabras
y se nublan los sentidos.

Todo es solo, solo un vacío,
amor sin corazón, peces sin rio,
cómo se derrite el hielo, bajo el sol
estar sin camisa y tener frio.

Allí todo quedo, en el libro del olvido
donde hubo mucha nostalgia,
fracasos, desconectados,
allí todo quedo, en el olvido.

385- Soy tu calor

Sopla el viento,
llevando palabras a tu oído
que solo quiere estar contigo,
tú en mi vida, tiene sentido.

Por más que sople el viento
siempre mis palabras llegaran a ti,
amor de verdad, que por ti siento
y por tu amor, he de morir.

Mas curvas que una colina,
más radiante que el sol
llevándote a mi cuna
dándote siempre mi calor.

Que tiernos son tus labios,
al sentirlos por primera vez
ese momento fue muy grato
y más grato fue tu querer.

Mis palabras a tus oídos llegan solas
y mi amor por ti, no dejare
siempre a tu lado estaré,
jamás te dejare sola.

386- Mas allá

Germino esta amistad

como semilla poderosa
eres la muchacha más preciosa,
más bella que una rosa.

Mas linda que un clavel
que sonrisa preciosa,
eres la niña de mis ojos,
ahora te amo, que cosa curiosa.

La amistad se convirtió en amor
y tu corazón a mi corazón toca
sentir tus caricias y tu calor
que lleguen en mis labios y en mi boca.

Eres mi lienzo en mis versos
un amor apasionado
quiero estar en tu corazón atrapado
y darte muchos besos, que me provocas.

En mí, nació tu amor
una amistad a noviazgo
pronto estaremos casados
y consumamos este amor.

387- Algo mas

Te escribí dos versos, aquel día
cinco poemas, aquella vez
y seguiré escribiéndote poesía
hasta que me bloquees de una vez.

Aunque sea una locura este amor
yo sé que mi amor te interesa
aunque no tengo tanta belleza
yo sé que sientes algo por mí.

Un hola, me has de decir
solo eso y nada mas
quiero tus labios sentir,
más que amigos, algo más.

Aunque la distancia me impida,
estar cerca de ti,
pero a distancia, siento tu latir,
sé que me quieres, que quieres estar conmigo
pero, el miedo te impide, que tu amor vuele.

Que vuele hacia mí,
deja espacio a tu corazón
para que este amor, pueda fluir
y sea mutua la atracción.

388- La clave, la llave

Me bañan los rayos del sol,
susurra el viento en mi ventana
que me amas con locura
y no apartaras de mi tu mirada.

A mi entra tu calor
llega la fragancia suave
ligera es tu esencia
que todo tu amor, en mi corazón cabe.

En tu corazón, yo soy la clave,
soy la clave de tu amor
tus caricias son ardientes
eres tú, mi gran primor.

Eres el son, que lleva la clave
el ritmo de esta melodía,
ámame vida mía
y veras que rico sabe.

Suena el güiro, suena el bongo
nuestro amor, que rumba tiene
entre maracas suena el tambor,
este es el ritmo que pocos saben.

389- Sentimientos ocultos

Con el tiempo aprendí a quererte,
a quererte y ahora amarte
este amor creció de repente
después que fuéramos amantes.

Amigos fuimos, ese fue el principio
donde un amor empezó a crecer
donde todo pudo suceder
así crecieron las emociones.

Se estrecha un lazo de amistad
y el afecto creció sin razones
crece el amor y las sensaciones
que, es más que una amistad.

Sentimientos que brotan
raíces que nacen,
cosas que pasan
y al corazón renace.

Así se comienza un noviazgo
de sentimientos y emociones
aunque esto no funcione,
vale la pena intentarlo.

390- Sellado por Dios

Quiero dejar en tu corazón grabado
bellas palabras con tinta de oro
que siempre queden plasmado,
que tu amor es un tesoro.

Que vengan conmigo los ángeles
y me ayuden a curar tu dolor
que quiero sanar tus heridas
y sembrar amor en tu corazón.

Ellos me dieron un zafiro,
un diamante, un rubí,
me dieron una pluma de esmeralda
y con ella te pude escribir.

Versos con sentimientos profundos
que revivieron tu existir
tu corazón latió de gozo
y en tu corazón puede existir.

Este amor que quedara grabado,
sello de ángel ya tiene,
aprobación del Dios santo,
es amor que pocos tienen.

391- Mis melodías

Que tu amor siempre fluya
en mis venas ardiente
para escribirte cada día
con mi sangre caliente.

Que fluyan, siempre fluyan
para ti muchas poesías
eres la pasión que me ocasiona
escribirte bellas melodías.

Extraordinarios poemas
que te vuelvan locas mis poesías
que estas rimas ardientes
sea siempre tu melodía.

Que fluya por tus venas
que traigan melodías,
que lloro de amor, todo el día
con mis dulces poesías.

Yo soy el paño de tus lágrimas
el que seca tus llantos día a día,
siempre correrán por tus venas,
estas mis bellas melodías.

392- Te lo dejo

No me la robes, que es mi idea
lo que trasmitió tu mirada,
como un cuento de hadas,
solo amarte, esa es mi idea.

Pensamientos a mi llegaron
el día en que te conocí,
el día en que fuiste mía
y amor en ti recibir.

Idea que me robaste,
idea que la hiciste tuya
no importa que me la hayas robado,
después que mi amor sea tuyo.

Mi idea, es tu idea,
mi corazón que es tuyo
compartiendo este cariño
que sea tuyo, que sea tuyo.

Abrazados en la madrugada
cerca de la chimenea
dándonos mucho calor,
porque tenemos frio.

393- Encontré

Que dulce sensación siento ahora
por fin un amor encontré
fue de mañana cuando vi la aurora
y de seguro que no te dejare.

Fue como encontrar un tesoro,
amor a fusión de vista
tengo mi alma, despierta y lista
para entregarte a ti todo.

Sera casualidad de encontrarte
o es el destino que nos unió
me enamore de ti de repente
y mi amor al tuyo se unió.

Ahora solo pienso en ti
mis sueños son contigo
la fragancia de lo divino,
eres mi arroz, eres mi trigo.

Ahora gozo contigo
y tu vives de mi
y yo soy parte de ti
siempre estaremos juntos.

394- Todo contigo en divino

Bello es el alma que camina,
que camina por lugar seguro
y de tu amor yo estoy seguro
más potente que la dinamita.

Este amor tuyo y mío
que esta por un sendero activo
estar contigo es divino
este amor, es definitivo.

Cada vez que estor contigo
palpita mi corazón,
emociones repentinas
yo sé que es amor.

porque con nadie sentí
lo que siento por ti
es algo extraordinario
este amor, yo sé que sí.

Porque tú me amas, de igual manera
y me dices cosas sin cesar
navegante de las mareas,
contigo me quiero casar.

395- Lo noquee

Se alejo de mi aquel seceso
que quiso amargar mi vida
todo lo malo se hizo disperso
quedo atrapado en aquella esquina.

Quebrantado y abatido, allí quedo
no tubo fuerza para levantarse
adolorido y abatido
sin ganas allí quedo.

Que golpiza tan grande,
lo que el sufrió
mis alegrías fueron más grandes
cuando mis palabras, allí lo noqueo.

Esos fueron los desamores y las amarguras,
el descontento y la desilusión,
para siempre se fue la depresión
ahora mi corazón, vive contento.

Porque me pude enamorar
y tener lindos sentimientos
ya no tendré más temor,
mi vida contigo es el comienzo.

396- Que cuerpazo

Se deleita la ternura,
tu paz me trae gozo,
tu cuerpo es una dulzura
que cuerpazo tan jugoso.

Que cuerpazo tan sabroso
que delicia es saborearlo
a cada rato tocarlo
y darle un bocazo que delicioso.

Eres mi bombón, mi biscocho
que sabores, tan divino
buen cuerpo, que rico sentirlo
que cuerpazo más sabroso.

No dejo de tocarlo,
ni de mirarlo tampoco
que ricura es saber
que es mío, solo mío.

Desearlo a cada anochecer
que cosa más sabrosa,
se me hace agua la boca
cada vez que pienso en tu ser.

397- Solo tuyo

El sentimiento es mutuo,
yo siento lo mismo por ti
donde nace el arcoíris,
donde canta el colibrí.

Que cante el gallo en cada mañana
ya tu eres mi existir,
contigo quiero vivir,
de noche, día y de madrugada.

Mi vida ya es parte de la tuya
y sin ti no quiero vivir,
mi vida es solo tuya
ya tu eres mi existir.

Amarnos para no sufrir,
gozando siempre de la vida,
tú serás mi amada querida
la que quiero tener en mi vida.

Hablando de la vida
riendo sin cesar
y si nos vamos a casar
que sea, una larga vida.

398- Siempre en tu vida

Se fueron plasmado los colores
y que belleza hay en ti
tuviste todos los sabores
de manzana, pera y de ajonjolí.

ahí, que sabores hay en ti
que deseo siempre de besarte,
tocarte y acariciarte
y sentir siempre tu deseo.

Yo quiero, cada vez que te veo,
amarte por largo rato
ser tu pañuelo, tu trapo
que acaricie todo tu cuerpo.

Quiero ser todo para ti
y que sea siempre tu amor
que no haiga llanto, no dolor,
quiero estar siempre en tu vida.

Que no haigan despedida
solo a tu lado vivir
y a tu lado siempre sentir
tus caricias en mi diario vivir.

399- Es mi forma

Escribo como si tuviera ochenta
con madurez y sensatez,
no es tanta mi grandeza
pero la que hay es lo que vez.

Mis palabras son muy concretas
y con mucha fluidez, aunque alcance mi vejez,
escribiré con delicadeza.
Un sentir muy diferente
son mis palabras al escribir
y humildemente decir mi arte, es diferente.

Solo se cómo escribir
con palabras elocuentes
que no soy tan diferente
en mis palabras, describir.

Llegan momentos, en mis pensamientos
que brotan muchas ideas
escribiendo en todo momento,
imaginación que revolotea.

Puedo seguir esta rima
de cinco en cinco, de diez en diez,
y no encontrar como terminar
Porque la poesía siempre ha de ser.

400- Tu veneno

Fue tan duro el suceso,
que mi pecho me duele
cada vez que late mi corazón
cómo quieres que olvide,
si has roto este amor.

Los has llenado de mentiras,
lo has destrozado sin razón
pusiste en mi corazón,
una corona de espinas.

Sangre salen por mis poros
fue veneno de tu desprecio
rasgado en mi pecho
un dolor insuperable,
me muero en mi lecho.

Mucho dolor hay en mi corazón,
espada, como de muchas agujas
traspasando justo en mi corazón
enganchando tu veneno.
Solo y solitario, anda este amor
mis vasos sanguíneos se rompieron
oscuro y amargo, yace mi corazón
porque tu amor, era el veneno
y en mi alma y mi corazón,
todos los sueños se murieron.

Fundamento de la vida, poder que supera. Tony Colón el mago de las letras

elsuperescritor@gmail.com

elmagodelasletras@gmail.com

8/18/2021

Director y autor gráfico y productor de esta obra:

Antonio Guerra Colón=CHIK BIA BOU=ZICAIKA SLOEEZ PABAI

Tony Colón=ZEJIT BOU=CAIF PABAI

Poemánticos
Antonio Guerra Colón

Printed by Books on Demand GmbH, Norderstedt / Germany